RÉPLIQUE

A L'AUTEUR DES

TAPISSERIES D'ARRAS

AU SUJET DE SA DERNIÈRE BROCHURE

PAR

A. GUESNON

———

LILLE

IMPRIMERIE LEFEBVRE-DUCROCQ

—

1884

RÉPLIQUE

A L'AUTEUR DES

TAPISSERIES D'ARRAS

AU SUJET DE SA DERNIÈRE BROCHURE

PAR

A. GUESNON

LILLE

IMPRIMERIE LEFEBVRE-DUCROCQ

1884

PROLOGUE

————

    , M. le chanoine Van Drival vient de publier une nouvelle brochure, la troisième en deux mois, à l'occasion de ma lettre sur la DÉCADENCE DE LA TAPISSERIE A ARRAS. Celle-ci, qui a pour titre RÉPONSE A M. GUESNON, me procure la surprise de voir mon nom placardé en caractères à rendre jaloux un candidat aux élections du Conseil départemental. C'est pour mon obscurité une véritable aubaine que cette grosse réclame du plus encyclopédique des savants connus [1], et je dois avouer que l'auteur en use à mon égard avec la complaisance et la générosité qu'on lui connaît lorsqu'il s'agit de lui-même.

    En retour, je veux l'avertir charitablement qu'il s'égare et risque d'égarer ses lecteurs dans de chimériques hypothèses sur les circonstances toutes fortuites et les raisons toutes scientifiques de mon intervention dans l'examen de la thèse qui lui est chère. Il prend, ou plutôt il feint de prendre l'effet pour la cause, méconnaît l'enchaînement des faits et bouleverse la chronologie : mauvais début dans une discussion historique, et, soit dit en passant, symptôme non moins alarmant pour le nouveau CHARLEMAGNE qu'on nous annonce en ce moment.

---

[1] « Les hiéroglyphes de l'Egypte, les signes symboliques de la vieille Chine n'ont pas de secrets pour lui. L'arabe, l'hébreu, le chaldéen, le copte, le sanscrit lui sont familiers. Une seule de ses connaissances ferait le plus grand honneur à un seul savant. » L. DE SAVIGNY, *Nouvelles Ann. de Phil. cath.* Nov. et déc. 1883. — Note de la rédaction servant d'introduction au premier fascicule de l'*Hist. de Charlemagne* par M. le chanoine Van Drival.

Je l'avais déjà dit à demi-mot, et je n'apprendrai rien à M. V. D.
en le lui répétant plus clairement, puisqu'il y tient : s'il se fût contenté de rester correct, sauf à se montrer moins habile, lorsque ma
LETTRE s'imprimait à Arras, sur la demande, au nom et par les
soins de son trop confiant destinataire ; s'il eût simplement compris que, par le seul fait qu'il prenait communication d'un travail
sous presse, il s'interdisait le droit de tirer de cette lecture anticipée
le moindre avantage personnel, et que les principes les plus élémen-
taires lui faisaient une loi de garder le silence jusqu'au jour de la
publicité, il se serait épargné tout ce luxe de brochures inutiles,
certains ennuis où je n'ai rien à voir, et des revendications suivies
d'excuses aussi embarrassées qu'insuffisantes.

Malheureusement pour lui, l'auteur s'est laissé induire en tenta-
tion ; et, sous le prétexte honnêtement frivole de prévenir la propa-
gation de l'erreur, mais en réalité pour dérouter la critique en
opérant un changement de front et se ménager une échappatoire,
il a pris les devants dans les deux brochures que l'on sait, son
DEUXIÈME FASCICULE et ses TAPISSERIES APRÈS LOUIS XI : fausse manœuvre
qui, en trahissant toutes sortes de faiblesses dans ces travaux improvisés, a fait découvrir du même coup le bloc enfariné de la NOTE DE
L'ACADÉMIE et le pot aux roses d'Isabiaus Caurrée. De là un premier
POSTSCRIPTUM, auquel la RÉPONSE qui vient de paraître m'oblige d'en
ajouter un second.

Il aurait sans doute été plus simple, au début, de laisser les
choses suivre leur cours normal. Mais puisque M. V. D. en a décidé
autrement, puisqu'il a préféré user de stratégie, de quoi se plaint-il ?
Qu'il s'en prenne à lui-même si ses précautions lui sont un piège.
Qui sème le vent récoltera la tempête, c'est la loi, — tempête de
tribune académique, bien entendu, et rien que cela ; tout entière dans
ce traditionnel verre d'eau si sucrée d'ordinaire, aujourd'hui mé-
langée d'amertumes par sa faute, par sa très grande faute.

Voilà pour les préliminaires ; passons maintenant à la thèse.

LA THÈSE et L'ANTITHÈSE

Et d'abord M. V. D. a-t-il encore une thèse ? Il est permis d'en douter quand on voit ses tergiversations et les habiletés qu'il met en œuvre pour tourner la question controversée. Heureusement j'avais pris mes mesures et précisé les termes :

Est-il vrai que l'industrie des tapis de hautelisse soit restée en vigueur à Arras pendant tout le seizième siècle et jusqu'au siège de 1640 ?

Telle est la thèse. L'auteur a-t-il fait la preuve ? C'est là la question.

Que M. V. D. ait soutenu l'affirmative, le nier lui serait chose impossible, et je constate d'ailleurs qu'il ne le nie pas. L'attribution par lui faite aux prétendus ateliers d'Arras des arazzi du Vatican, des tentures de la colonnade de St-Pierre aux solennités de la Fête-Dieu, des tapisseries de la cathédrale de Beauvais, des hautelisses du musée de Cluny, de tant d'autres qu'il dit avoir rencontrées chez des particuliers à Arras, à Douai, en Angleterre et ailleurs, le choix même de la date assignée à la disparition de cette industrie locale, tout cela ne laisse pas l'ombre d'un doute sur la véritable pensée de l'auteur, et le place dans l'alternative, ou d'une affirmation nouvelle, ou d'un désaveu pur et simple.

Mais autre chose est la théorie, autre chose la vérification. Des productions artistiques aussi importantes et aussi nombreuses impliquaient nécessairement l'existence à Arras, au seizième siècle, d'une industrie tapissière rivalisant avec celles de Tournai, Bruges, Audenarde, etc., et personne, avant M. V. D., n'en avait entendu parler. Il lui restait donc à faire une démonstration de toutes pièces, tâche difficile, car les documents à l'appui faisaient défaut, et les réalités refusaient obstinément de se prêter à la confirmation du système.

Voilà comment, pour donner à toutes ces attributions *a priori* quelque air de vraisemblance, faute de mieux, l'auteur s'est trouvé conduit peu à peu à édifier cet échafaudage d'arguments spécieux et de preuves imaginaires qu'il lui coûte tant de voir démolir, encore qu'il se sente impuissant à le maintenir debout, et voilà pourquoi il esquive et cherche par tous les moyens à déserter le véritable terrain du débat.

C'est donc à moi qu'il appartient de le rappeler à la question, et surtout aux conditions essentielles d'une discussion de bonne foi.

Oui ou non, M. V. D. persiste-t-il dans sa thèse première, ou bien la désavoue-t-il ?

S'il la désavoue, que ne le déclare-t-il sans ambages, au lieu de recourir à de misérables subterfuges ?

S'il la maintient, pourquoi d'abord change-t-il les termes de l'énoncé ? Pourquoi imprime-t-il dès la première ligne de sa Réponse que je combats sa « Thèse sur la permanence de *l'art* des Tapisseries de hautelisse à Arras au XVIᵉ siècle ? » Qui lui parle de la permanence de *l'art*, et que vient faire *l'art* dans la question de la persistance d'une des branches de *l'industrie* locale ? Les traditions de *l'art* et de ses procédés ne sont pas en cause ; cette nouvelle thèse n'aurait d'ailleurs aucun sens dans l'espèce, et ce n'est pas avec des équivoques que l'on soutient une controverse, à moins que l'on n'ait intérêt à l'embrouiller.

En second lieu, puisque le débat porte essentiellement sur le seizième siècle, pourquoi M. V. D. nous ramène-t-il sans cesse au quinzième avec Louis XI et son éternel Jean de Villers ? Qu'importe au fond qu'on ait pu faire encore quelques tapisseries à Arras « après Louis XI, » si cette fabrication ne devait pas avoir de lendemain ? Cette formule ambiguë à laquelle l'auteur se cramponne comme à une épave, cette proposition commode qu'il s'acharne à nous démontrer, personne ne la lui conteste, personne ne la lui a jamais contestée, du moins dans le sens accidentel, intermittent, limité que les documents lui assignent. Ces dernières manifestations ne sont pour le moment que l'accessoire, un détail perdu dans les clairs-obscurs de la question, détail dont la valeur relative reste subordonnée au groupement logique de l'ensemble des faits ultérieurs,

par conséquent au résultat d'une enquête générale sur l'époque qui
va suivre. En affectant de répéter que cette fabrication « après
» Louis XI » est « ce qu'il fallait prouver », M. V. D. joue sur les
mots et sur les dates, et croit plus que de raison à l'innocence
du lecteur qu'il veut abuser.

Le véritable point est précisément de savoir quelle est l'importance de ces quelques hautelisseurs et tapissiers isolés que l'on
rencontre encore çà et là à la fin du quinzième siècle et plus tard ;
s'ils étaient des chefs d'atelier et de quel genre d'atelier, ou bien des
marchands s'approvisionnant au dehors [1], ou simplement des rappa-
reilleurs, des *gourdiniers*, et, dans tous les cas, s'ils représentent les
dernières convulsions d'une industrie qui s'éteint ou la renaissance
de l'ancienne tapisserie. Voilà le problème. M. V. D. a beau fermer
les yeux, il n'en existe pas moins, et c'est le seizième siècle qui peut
seul nous en donner la solution.

En effet, s'il est vrai que nous assistions « après Louis XI » non
pas à un prolongement d'agonie, comme je le prétends, mais à une
résurrection de l'industrie des hautelisses comme le veut mon contradicteur, on devra nécessairement constater, à brève échéance, le
retour d'un état de choses analogue à celui que nous offrait la tapisserie au siècle précédent, dans les années de prospérité moyenne ;
et, comme les documents sont alors plus abondants que jamais, les
témoignages n'en seront que plus nombreux et les constatations plus
faciles.

Or la période qui précède nous fournit deux cents noms de
hautelisseurs d'Arras, relevés dans un millier de textes contempo-
rains. M. V. D. est-il en mesure de produire à l'appui de sa thèse
des chiffres proportionnels ? Deux cents noms, c'est beaucoup ; en
connaît-il cent ? en connaît-il cinquante ? en connaît-il vingt-cinq
seulement à répartir sur tout un siècle et demi de prétendue fabrication permanente ?

Je pense, dit-il, que si on feuilletait avec soin les registres des
comptes, les papiers qui restent des archives des villages des environs

---

[1] M. V. D. veut qu'un vendeur de hautelisses fût nécessairement un fabricant ; et il
ajoute : « N'étaient-ils pas l'un et l'autre depuis toujours ! » Non certes, rien n'est moins
exact. Dans cette industrie textile comme dans les autres, on voit de tout temps à côté
des chefs d'atelier, producteurs ou fabricants, les marchands qui achètent pour revendre ;
leurs noms remplissent les comptes.

d'Arras, soit dans les villages eux-mêmes, soit dans les dépôts, on trouverait des indications utiles sur ce sujet intéressant. Je livre cette pensée à ceux qui auraient le goût et le temps nécessaire pour se livrer à cette recherche, et je pense que le temps ne serait pas perdu.

M. V. D. est vraiment trop généreux de nous « livrer cette pensée » — et cette corvée. Que ne garde-t-il pour lui l'une et l'autre ? Il n'a sans doute plus le goûtde ces dépouillements, dont il nous a donné l'échantillon que l'on sait. Alors souhaitons bonne chasse à celui qui, sur la foi de l'oracle, voudra bien courir la piste pour M. V. D.; mais il est un fait certain, c'est qu'il reviendra bredouille.

En attendant, veut-on savoir à quels éléments essentiels se réduit, à l'heure qu'il est, la colonie ouvrière sur laquelle repose tout le système ? Le voici :

Pour le seizième siècle, défalcation faite au commencement de deux ou trois veuves et d'un sayetteur, dont les mentions rappellent des hautelisseurs du siècle précédent, restent *deux tapissiers*, 1529-1534 ;

Pour le dix-septième siècle, *un tapissier* d'Audenarde en 1618, toujours notre Van Quikelberghe, qui ne fait que passer et se hâte d'aller chercher fortune ailleurs ;

Total : *trois tapissiers* hétérogènes !

Voilà ce qu'on nous offre comme représentant une fabrication permanente et indigène plus que séculaire. Et c'est tout ce qui aurait surnagé d'une colonie ouvrière dont les œuvres prétendues rempliraient encore aujourd'hui les cathédrales et les musées ! Mais les actes de corporation, les règlements, les contraventions, les amendes, au moins doit-il en rester quelque chose ? Rien. Et les marchés, les quittances, les transactions privées des gens du métier ? tout cela a laissé des traces pour la période antérieure — j'en ferais un volume — tout cela existe, et à toutes les époques, pour la draperie et la sayetterie ; pourquoi pas pour la tapisserie ?

A cette question, la RÉPONSE ne répond rien. Elle se borne à soupirer mélancoliquement : Trois tapissiers !

Il en est jusqu'à trois que je pourrais citer.

Quoi ! vous nous annonciez une armée permanente, et quand nous demandons à voir un régiment, un bataillon, au moins une compagnie, vous nous montrez — deux gendarmes indigènes et un caporal belge en rupture de ban. Quelle plaisanterie ! En vérité vos trois tapissiers mériteraient les honneurs de la légende ; ils font concurrence aux Trois Mousquetaires.

Et mon contradicteur trouve mauvais que je plaisante à mon tour en un si grave sujet. A qui la faute ? Qui donc a commencé ? Si je plaisante, c'est que je ris, tandis que lui plaisante et ne rit pas : voilà la différence.

Aussi est-ce avec l'aplomb le plus sérieux du monde qu'il annonce au public que, dans ce qu'il lui plaît d'appeler ma *thèse*, sans doute pour plus de confusion — que ne dit-il l'*antithèse ?* on comprendrait, — il a trouvé « beaucoup de présomptions, beaucoup « d'hypothèses, beaucoup de raisonnements et pas de preuves. »

C'est de la mienne qu'il s'agit, et non pas de l'autre; on pourrait aisément s'y tromper.

Eh bien, je suis moins difficile pour mon contradicteur qu'il ne l'est pour moi ; je le verrais volontiers troquer toutes ses preuves contre un bon raisonnement; on y gagnerait. Ce sentiment tient sans doute à la différence de nos idées sur l'essence de la preuve, dont le raisonnement serait banni par la nouvelle théorie, à ce qu'il paraît.

Mais à supposer que des raisonnements ne soient pas des preuves, au moins M. V. D. n'en saurait-il dire autant des *Registres aux Bourgeois*, puisqu'il s'en est servi. J'en ai donc au moins fourni une, une preuve capitale, d'une autorité irrécusable, et qui tranche la question. Il semble que la déposition de cet enregistreur automatique doive satisfaire les esprits même les plus exigeants. Que peut-on opposer à l'éloquence des chiffres ?

M. V. D. n'est pas embarrassé pour si peu :

Il serait plus exact de dire qu'il y a eu à Arras, comme ailleurs, des *hauts* et des *bas* dans la prospérité de la ville au XVe siècle comme au XVIe siècle, on pourrait même dire comme au XIIIe.[1]

Impossible d'en prendre plus à son aise avec la statistique !

[1] Ce *comme au XIIIe* me rend rêveur. Je serais curieux de savoir où l'on trouverait bien les éléments d'un travail comparatif sur les fluctuations des industries d'Arras au *XIIIe* siècle ? — *Sunt verba et voces.*

Mais quand tous les *hauts* sont au commencement du siècle, et tous les *bas* à l'autre extrémité, et que cet abaissement périodique suit une pente graduelle et continue depuis le chiffre le plus élevé jusqu'au zéro, comment donc cela s'appelle-t-il dans la langue, ou dans les langues de M. V. D.? Celle de la science et celle du simple bon sens l'ont toujours appelée jusqu'ici *apogée, décadence* et *ruine*, et je ne pense pas que les *hauts* et les *bas* élastiques de M. V. D. soient à la veille de remplacer ces termes, même dans le vocabulaire des illettrés.

Ce n'est pas tout. J'ai groupé autour de ce témoignage fondamental un certain nombre de faits précis, concordants, probants, puisés aux sources : 1° l'émigration des hautelisseurs d'Arras dès avant 1456 ; 2° la perte pour Arras de la clientèle du duc de Bourgogne dès 1460; 3° des achats considérables de l'abbé de Saint-Vaast chez les tapissiers de Bruges dès 1469 [1]; 4° la disparition de la corporation des hautelisseurs d'Arras dès avant la fin du siècle ; 5° l'introduction de la bourgeterie à Arras en 1497 ; 6° l'institution d'une seconde confrérie de sayetteurs sous le vocable des hautelisseurs à cette même date. J'appuie ces affirmations sur une dizaine de documents originaux, inédits, signalés pour la première fois.

De tout cela le dédain supérieur de l'inventeur des trois tapissiers ne fait qu'une bouchée : « Des *hauts* et des *bas*. — Beaucoup » de raisonnements et pas de preuves. Il affirme que l'enseigne » *traditionnelle des hautelisseurs recueillie par les sayetteurs abrita* » une confrérie nouvelle, mais il ne le prouve pas. »

M. V. D. exige-t-il donc que je lui envoie cette enseigne pour la pendre au Musée ? Soit ; j'attendrai seulement qu'il m'y ait montré, sous vitrine, la première chlamyde de l'auteur des Capitulaires.

Et quand même je n'opposerais à des affirmations systématiques que des présomptions, des hypothèses, des raisonnements et pas de preuves, ne serait-ce pas encore mon droit ? Je voudrais bien savoir ce que la critique doit de plus à l'auteur d'un paradoxe.

---

[1] J'ai oublié de mentionner dans ma LETTRE cet important document ; on le trouvera la fin de cette brochure.

N'est-ce pas à lui qu'il appartient de dissiper les doutes, d'expliquer les contradictions, de combattre les présomptions contraires, de renverser les hypothèses, de réfuter les raisonnements, en un mot de faire la preuve ?

M. V. D. ne l'entend pas ainsi ; au lieu de nous donner des raisons et des preuves, c'est lui qui nous en demande. Je cite textuellement :

De quoi s'agit-il ? De prouver que ma thèse n'est pas exacte, *de la détruire par des faits probants*.

Il est vraiment commode d'intervertir ainsi les rôles. Demain on viendra nous annoncer la découverte d'un atelier de hautelisses dans la lune ; et, si nous avons le malheur de sourire en hochant la tête, on nous dira fièrement : « Prouvez le contraire ; détruisez ma thèse par des faits probants. » Non pas, s'il vous plaît ; à vous d'y aller voir et de nous en rapporter des échantillons ; à nous de les juger. Ne confondons pas : vous êtes l'affirmation systématique, LA THÈSE ; nous sommes le doute scientifique et la négation jusqu'à preuve, L'ANTITHÈSE.

En résumé, M. V. D. aura beau multiplier les confusions et les équivoques, courir d'Angleterre en Italie, accumuler les citations polyglottes en vers et en prose, torturer les textes, alambiquer jusqu'aux manchettes des *Mémoriaux* [1], tout son échafaudage s'effondre sous ce simple raisonnement, qui, ne lui déplaise, est la plus écrasante des preuves :

La permanence de l'industrie des tapis à Arras suppose l'existence corrélative d'une colonie de maîtres et ouvriers tapissiers. Pouvez-vous nous en montrer la trace continue, soit collective, soit individuelle, pendant et après le seizième siècle, comme les documents nous permettent de la suivre au siècle précédent ? Non. Donc votre thèse est fausse.

. 1 Voir plus loin, page 22.

ARGUMENTS et DOCUMENTS

Décidément, l'auteur de la Réponse ne brille pas plus par la
prudence que par la sûreté de ses méthodes d'investigation. A bout
de ressources, et croyant faire diversion, il s'est avisé de poser la
question de bonne foi et de loyauté dans la polémique, chose qu'à sa
place je me serais bien gardé de faire. N'importe, si son accusation
a visé juste, il est dans son droit ; c'est de bonne guerre : la
mauvaise foi est odieuse, quelle que soit la robe Mais si par hasard
le coup portait à faux, a-t-il prévu le ricochet de la balle et les conséquences d'une erreur préméditée ? Qu'est-ce donc si je prouve, et
je le prouverai, que sur le chef même de son accusation, l'accusateur
est le coupable, et un grand coupable !

Revenons encore une fois, puisqu'il le faut, aux arguments et
documents des Tapisseries de Haute-lice après Louis XI. Question
historique. Arras, juin 1884, p. 1 — 19.

La Réponse prétend, contrairement à ce que j'ai affirmé et formellement déclaré, que mon exposé est **« fort peu fidèle et
tout à fait incomplet. »** Elle prend de là occasion de le refaire
à sa manière, **« afin que le lecteur ne puisse prendre le
» change et connaisse la vérité. »**

Cette accusation me touche au vif, et je tiens à m'en justifier.
Dans l'examen qui va suivre, je prétends faire voir que la Réponse
n'a pas trouvé, quoi qu'elle en dise, l'ombre d'un argument omis ou
d'une inexactitude dans mon exposé ; et j'établirai que dans le sien,
soit en dénaturant les faits, soit en tronquant et falsifiant les textes,
soit en supprimant les documents qui la gênent, elle s'étudie d'un
bout à l'autre à surprendre la religion du lecteur.

Avant de commencer, et pour que le public distrait ne soit pas
dupe d'un premier trompe-l'œil, je ferai remarquer que les *six*
arguments relevés dans mon Postscriptum sous autant de rubriques

distinctes, ont été répartis dans la Réponse en *huit* paragraphes numérotés, trois numéros 4°, 5°, 6° étant attribués, contrairement à toute logique, à l'argument unique tiré de l'affaire des Tournaisiens en 1560. Si c'est un artifice, il peut être habile, mais d'une correction douteuse : quand on provoque les comparaisons, on devrait au moins les faciliter.

Maintenant, la parole est à la Réponse, et je la suivrai pas à pas, numéro par numéro, à partir de la page 7 jusqu'à la fin.

1°

Pour montrer la persistance de l'art de la hautelice à Arras, j'ai cité les noms de ceux qui sont repris dans le livre aux Bourgeois comme s'occupant de cette industrie jusque vers 1530.

Ma Lettre, p. 11, 12, 13, et le Postscriptum, p. 30, 31, 32, ont rendu toute justice à ce dépouillement des *Registres aux Bourgeois* dont l'auteur disait : « Il serait difficile d'être plus complet et plus exact. » Or j'y ai relevé vingt noms [1] omis sur quatre-vingt-onze, des erreurs de toute espèce, et des fautes de transcription à faire rougir un écolier.

Qui de moi ou de M. V. D., s'est montré « très peu fidèle et tout » à fait incomplet ? »

2°

J'ai cité un extrait fort explicite d'un compte de recette et dépense de la ville d'Arras, 1491, voici le texte :

Ma Lettre a longuement pesé la valeur de cet argument tiré d'un compte de 1489-90, et non pas 1491, argument déjà produit par M. V. D. dans les Tapisseries d'Arras, il y a vingt ans.

Rencontrant, de cette pièce déjà examinée dans ma Lettre, une seconde mention parmi les « preuves nouvelles » de la brochure, je n'avais pas à m'y arrêter de nouveau dans le Postscriptum, et j'ai dit : « Passons, nous la connaissons depuis vingt ans. »

---

[1] J'ai cité dix-neuf noms dans mon Postscriptum : le vingtième est un tapissier, Hanotin Quiquet, dit le Sellier, demeurant à Paris, fils de feu Gille le Sellier, bourgeois qui recréanta le 17 avril 1423.

Là-dessus, la Réponse insinue en note que j'ai opposé à son argument une double fin de non recevoir, tirée d'abord de l'erreur de date, et ensuite de ce que la production de cette pièce remonte à vingt ans : invention manifeste, puisque j'ai consacré trois pages à l'examiner, et que j'ai même admis son témoignage dans certaines limites.

Je demande de quel côté est l'exactitude et la bonne foi.

3°

J'ai cité un poème manuscrit, sorte d'histoire de l'abbaye du Vivier, dans lequel il est fait mention du travail de hautelice exécuté, soit à Arras, soit dans les villages en 1506, en 1551 tout comme au xɪvᵉ siècle. Que cette poésie soit bonne ou mauvaise, là n'est pas la question. Elle est dans le témoignage apporté par l'histoire particulière d'une communauté.

Où donc ai-je conclu de la platitude des vers à celle de l'argumentation ? C'est de la fantaisie pure. Voici ce que j'ai dit, et je souligne :

« Un mauvais *poème* français, composé au *dix-huitième* siècle, à la *louange* de l'abbaye du Vivier, nous *dépeint* les religieuses se livrant à partir du *quatorzième* siècle à toutes sortes de travaux de *broderie*, etc. »

Il faut être en effet singulièrement étranger aux exigences de la critique historique, et bien à court d'arguments, pour s'en aller, sur des questions industrielles et techniques, demander des renseignements précis, pour les quatorzième, quinzième et seizième siècles, à je ne sais quel panégyrique en vers composé au dix-huitième.

Il est vrai que, pour mieux éclairer le lecteur, la Réponse dissimule adroitement la date moderne du poème, base de mon argumentation, ne conservant que les anciennes, pour l'illusion ; qu'elle le qualifie d'*histoire* de communauté ; et que de plus elle substitue les termes ambigus de *travail de hautelisse* aux propres mots du texte : *tapis du point de hautelice*. Or, cette dernière expression, comme celle de *tapisserie*, se prenait au dix-huitième dans le sens moderne, et désignait, alors comme aujourd'hui, de simples broderies sur canevas, que les dames appellent encore le *petit point* et le *point de Gobelins*.

Qui donc, de mon contradicteur ou de moi, travestit les objections, dissimule les dates, altère les textes .et cherche à surprendre l'opinion du lecteur ?

4°, 5°, 6°

Pour 1560, j'ai cité deux pièces très curieuses ; je ne comprends pas que M. Guesnon n'ait rien dit de la première qui cependant a été également donnée par M. Lecesne dans son Histoire d'Arras, tome second, p. 95. Je suis donc obligé de reproduire cette pièce. Ce sont « les doien, maistrez et supotz des hautelisseurs » qui se plaignent de la concurrence qui leur est faite par les ouvriers de la ville « eswardés » à la campagne, et qui s'expriment ainsi dans un placet présenté à Philippe II le 4 Avril 1560 :

« Plus ne convient doubter, *disait la ville d'Arras dans ce placet,*
» que les hautelicheurs résidens es villes seront tenus de eulx en
» départir, etc. »

On ne saurait croire à quel chaos d'erreurs, de contradictions et d'équivoques les lignes qui précèdent servent de prétexte et d'introduction. Dans ces trois paragraphes, la Réponse va me fournir, à son propre usage, une telle botte de verges, que je ne parviendrai jamais, malgré la faveur de son attitude, à l'en faire bénéficier en détail au prorata de ses mérites.

Avant de commencer l'opération, tâchons de démêler l'écheveau de cette affaire bien simple en elle-même, et si consciencieusement embrouillée pour la défense d'une cause perdue.

La corporation des hautelisseurs, *bourgeteurs* et *tripiers de velours* de la ville de Tournai, voulant arrêter les progrès de l'émigration ouvrière, d'une part, et prévenir les malfaçons et les fraudes des artisans du métier, établis dans les villages limitrophes, où ils vendent comme fabriqués à Tournai et sous de fausses marques, toutes sortes de produits défectueux non « eswardés », parvient à rallier à sa cause quatorze villes de Flandres et d'Artois, y compris Arras, et obtient d'elles l'initiative officielle d'une réclamation collective, longuement motivée dans une requête au roi et concluant à ce qu'il soit remédié à cet abus.

Le dossier, conservé aux archives de la Mairie d'Arras dans une copie du temps, forme un cahier de papier de douze pages, comprenant trois pièces plus une note du greffe, à savoir :

A. La requête collective, sans date, projet circulaire soumis à l'adhésion de chacune des quinze villes citées dans l'intitulé, avec un et cætera.

B. La lettre d'envoi, sans date, des doyen et commis de la corporation des hautelisseurs et *tripiers de velours* de Tournai, aux mayeur et échevins d'Arras, sollicitant leur adhésion, sous promesse de lettres d'indemnité.

C. L'acte d'adhésion de la ville d'Arras, daté du 4 avril 1560, sous la signature du greffier, à charge par les Tournaisiens de fournir les lettres d'indemnité promises, et de justifier leurs griefs contre les manufactures champêtres.

Enfin, sur la couverture du cahier, une note memento du clerc, rappelant que ces dernières lettres de décharge « des prévost et jurez de la ville et cité de Tournai, » sont déposées dans le tiroir n° XXX, note transcrite depuis au *Mémorial*.

J'ai publié en 1863, dans le Cart. de la commune d'Arras toutes les pièces de ce dossier, alors inédites et inconnues ; elles n'ont pas été réimprimées.

C'est à cette publication que M. Lecesne, Hist. d'Arras II, 95, a emprunté, sans cette fois indiquer la source qu'il cite d'ailleurs à chaque page, quelques lignes seulement de la première pièce, la longue requête collective.

A son tour, M. V. D. emprunte à M. Lecesne, et par conséquent à moi-même sans s'en douter, le petit fragment reproduit dans l'Hist. d'Arras, lui assignant du même coup une date fausse, car la requête ne peut être du 4 avril ; une attribution fausse, car la corporation des hautelisseurs de Tournai n'y intervient pas ; une provenance fausse, car ces « actes authentiques » ne se trouvent pas, comme il l'affirme, « dans les *Mémoriaux* de la ville d'Arras » ; et, pour couronner l'œuvre, donnant faussement comme « établie à Arras » une corporation de hautelisseurs qui n'existe qu'à Tournai, et qu'aucun texte n'autorise à placer ailleurs.

En présence d'une telle accumulation d'erreurs, je m'étais contenté de dire dans mon Postscriptum : « L'auteur prend Tournai pour Arras. Il ne s'aperçoit pas que toute son argumentation s'applique au Tournaisis. Il n'a donc pas même vu le document dont il parle ? »

En effet, il ne l'avait pas vu ; il ne connaissait, et encore de seconde main, que dix lignes de la requête sur cent quarante, plus la note relative au tiroir n° XXX, ces deux pièces *très curieuses !*

Mais, depuis lors, la Réponse s'est renseignée ; elle a su trouver mon in-quarto — non pas qu'elle le dise, elle s'en garde bien, mais elle le prouve en mentionnant le visa du greffier. Donc elle sait à quoi s'en tenir ; elle n'a même plus aujourd'hui l'excuse d'ignorance et de bonne foi ; et cependant on vient d'entendre son audacieuse accusation :

> J'ai cité deux pièces très curieuses : je ne comprends pas que M. Guesnon n'ait rien dit de la première, qui cependant a été également donnée par M. Lecesne.

Je n'ai rien dit de la première ! et c'est précisément la première que cite ma Lettre, p. 24. Et M. V. D. ose m'accuser de n'avoir rien dit d'une pièce *très curieuse* citée par lui, lorsque je suis le seul à l'avoir publiée, lorsque c'est à moi qu'il emprunte le fragment insignifiant dont il se pavane, de moi qu'il le tient, à moi qu'il le doit — et c'est à moi qu'il le réclame ! En vérité les temps sont proches, et nous courons à une révolution sociale. Certains emprunteurs seuls vont être dans la jubilation, puisque c'est maintenant le prêteur qui devra rendre l'argent. Et sait-on pourquoi M. V. D. inaugure ces nouvelles théories subversives ? Il nous l'a dit lui-même au début : « Pou. que le lecteur ne puisse prendre le change. » *Ne puisse rendre le change*, il aura voulu dire. — Il croit n'avoir affaire qu'à des emprunteurs comme lui !

Mais la Réponse ne s'en tient pas là. Après une accolade aussi chaude que perfide à son « bon ami » l'auteur de l'Hist. d'Arras, qui préfèrerait, j'imagine, cet épanchement de tendresse en toute autre occasion, elle se hâte d'ajouter :

> Ces doyen, maîtres et suppots existent donc ailleurs que dans mon imagination, comme le dit avec tant de courtoisie mon Aristarque.

Sans doute ils existent, courtoise Réponse, mais à Tournai, encore une fois, et non pas à Arras ; or vous avez imprimé « établis à Arras »[1], et ceux d'Arras n'existent que dans votre imagination..

---

1 « Dans les registres officiels, les *Mémoriaux* de la ville d'Arras, nous voyons la corporation des hautelisseurs continuer d'être *établie à Arras*, avec ses *doyens, maîtres et suppôts* en 1560, et ces mêmes actes authentiques nous montrent cet art exercé aussi bien dans les villages que dans la ville. » Van Drival, *Des tapiss. après Louis XI*, p. 18.

Est-ce clair ? Il est vrai qu'aujourd'hui, vous sentant pris au piège, vous tentez de supprimer le corps du délit en effaçant *Arras* et sous-entendant *Tournai*. Et grâce à ce chef-d'œuvre de subtilité doublée de restriction mentale, vous croyez pouvoir vous esquiver dans les brouillards de l'équivoque, en jouant l'innocence opprimée et criant à tue-tête :

Je ne comprends pas qu'on m'ait accusé de confondre Arras avec Tournai. — J'ai cité deux pièces ; je ne comprends pas qu'on n'en ait cité qu'une dans cette analyse prétendue exacte....

Et moi, courtoise Réponse, je comprends encore moins qu'on cherche à se tirer d'affaire par de pareilles escobarderies. Souffrez donc que votre Aristarque, son bonnet grec à la main, décline l'emploi que vous lui offrez ; il craindrait de n'y pas suffire : il y a vraiment trop de fil retors dans tout ce fil à retordre.[1]

Ce qui n'empêche pas qu'aussitôt après m'avoir réclamé ce qu'il me doit, mon ingrat emprunteur ne profite de l'alinéa n° 6 pour me glisser dans la main une nouvelle pièce fausse, c'est-à-dire rognée au bon endroit, pour que je ne puisse m'en servir à mon tour. Le manuscrit porte « ... le stil de haultelice *et triperie* » ; mais ce dernier mot ayant paru gênant, et il l'est en effet, on l'a remplacé par des points : telle est la nouvelle méthode pour être à la fois fidèle et complet !

Que dire aussi de cette attribution fallacieuse du placet à la ville d'Arras en nom singulier, contrairement au texte même de l'intitulé collectif : « Plus ne convient douter, *disait la ville d'Arras dans ce* » *placet,* » — et cela, quand on lit deux lignes plus haut que « ce » sont *les doien, maîtrez et supots des hautelisseurs* qui s'expriment » ainsi » ? Assertions fausses l'une et l'autre, entre lesquelles le choix est abandonné à l'embarras du lecteur mystifié.

---

[1] Dans ces trois pages inintelligibles pour le public, la Réponse veut faire croire que les *deux pièces curieuses* citées par elle mentionnent *deux* corporations distinctes de hautelisseurs. Elle espère d'abord que le lecteur va prendre les *prévost et jurez de la ville et cité de Tournay,* dans sa note relative au tiroir n° XXX, p. 10, c'est-à-dire les chefs de la municipalité de cette ville, pour ceux de la corporation des hautelisseurs ; et qu'ensuite, il va naïvement laisser attribuer à Arras les *doien, maîtres et supots des hautelisseurs* (de Tournai) promoteurs de la requête au roi. Les laïcs ne distinguant pas toujours entre un *prévôt* et un *doyen,* l'illusion est facile et le tour est joué.

Et puis cette perle philologique, « les ouvriers de la ville *eswardés* à la campagne » dans le sens de « *émigrés* à la campagne » ! méprise d'autant plus drôle que les réclamations se fondent précisément sur ce que ces artisans en rupture de ban ne sont pas « eswardés » à la campagne, et que le procès a pour but, comme il aura pour résultat, *de les soumettre au contrôle officiel des* « eswards » du métier. Quelle critique ! quelle exactitude ! quelle connaissance approfondie des mots et des choses ! N'avais-je pas raison de dire en commençant que le fagot de mon imprudent accusateur était inépuisable ? C'est donc sa faute cette fois si l'abondance me force à rester « tout à fait incomplet. »

Maintenant que cette longue revue des documents tournaisiéns a, je l'espère, suffisamment édifié le lecteur sur les procédés de l'art de manipuler les textes, est-il nécessaire de revenir sur les conclusions historiques qu'on en a tirées ? Que la vérité pût *sortir de* pareilles prémisses, il n'y avait pas lieu d'y compter ; aussi tout est-il faux dans les déductions comme dans le reste.

La vérité est que Tournai seul avait dans l'affaire un intérêt direct, avec Lille à l'arrière plan ; les autres villes n'étaient rattachées à sa cause que par un lien politique d'abord : la défense de privilèges particuliers fondés sur les mêmes principes, exposés aux mêmes empiètements ; et de plus par un commun intérêt commercial : la nécessité de protéger leurs marchands et leurs foires contre les fraudes et malfaçons de manufactures clandestines ou irrégulières.

Conclure de l'action collective à l'assimilation industrielle, c'est identifier des analogies, généraliser des cas spéciaux, substituer l'illusion systématique au témoignage des documents.

Il ressort du *texte même de la requête que* l'industrie tournaisienne, hautelisserie, bourgeterie et triperie, n'existait que dans *la plupart* des villes associées au procès, et non pas dans toutes.

Les deux premières ordonnances visées, de 1534 et 1537, n'intéressent d'ailleurs que la sayetterie de Lille et non la tapisserie ; la troisième, de 1548, est commune à ces deux manufactures. Arras était alors ville de sayetterie et de draperie, pas davantage. Aussi, à qui prit-elle conseil avant de donner son adhésion ? Aux marchands de la ville et aux commis de la Vintaine, où la tapisserie avait cessé depuis longtemps d'être représentée, même nominalement.[1] Aucune mention que ce soit de fabricants de hautelisse ; il n'en existait pas.

____

[1] Voir, à la fin de la brochure, la liste de ces commis de la Vintaine.

Si le fait de se joindre à Tournai dans le procès de 1560 prouvait, comme on le prétend, que « l'on faisait de la hautelisse à Arras et même dans les villages à l'entour » le même raisonnement s'appliquerait, avec les mêmes conséquences, à chacune des autres villes associées, et par conséquent à Ypres et à Douai. Or, il est constant que ces deux villes drapières n'ont jamais fabriqué de hautelisses. Ce simple raisonnement aurait dû suffire à démontrer à l'auteur l'inanité de son argumentation, s'il ne s'obstinait à ne voir dans les documents, que ceux qui lui plaisent, et, dans les textes, que ce qui favorise ses opinions préconçues.

Mais ce n'est là qu'un raisonnement, et l'on a vu plus haut que, pour mon contradicteur, des raisonnements ne sont pas des preuves. Il exige que la critique soit armée de toutes pièces, même quand il n'a que des fantômes à lui opposer. Aristarque veut être bon prince ; il consent une fois encore à intervertir les rôles. Grâce à des documents complémentaires, il a pu reconstituer la procédure et suivre l'affaire jusqu'à la sentence définitive ; en voici le résumé :

Le procès datait de loin ; l'instance tournaisienne n'en est qu'un épisode. Le roi renvoya les parties devant le Conseil de Flandres, qui à son tour institua une enquête contradictoire. Elle fut longue ; on y entendit les ouvriers des villages incriminés, et ils se défendirent si bien que Tournai finit par succomber sur le point principal de la requête : il lui fallut se résigner à une concurrence qui devait, avec le temps, consommer sa ruine industrielle.

Veut-on savoir maintenant quels étaient les villages en cause ? Premièrement les villages du Tournaisis ; deuxièmement, dans la châtellenie de Lille, Tourcoing, Roubaix, Leers et Toufflers — et c'est tout.

Là sentence du Conseil privé est du 3 décembre 1563. Elle prescrit tout un ensemble de réglementations pour les villages ci-dessus : établissement d'un contrôle sous la surveillance des officiers royaux de Lille et Tournai ; création d' « eswards » et de sceaux particuliers ; tarif des droits à percevoir ; pénalités contre la fraude etc., etc. Quant aux autres villes, les privilèges antérieurs et le statu-quo sont maintenus *pro forma*, sans qu'il soit fait mention d'aucune d'elles non plus que des autres villages. Arras y brille par son absence avec son satellite Achicourt, et le mirage de leurs prétendus ateliers de hautelisse s'évanouit encore une fois devant la réalité.

Que M. V. D. cesse donc de leurrer ses lecteurs en disant :

Je possède sur cette affaire des villes et des villages à cette époque
bon nombre de documents qu'il serait trop long de mettre dans une
brochure de circonstance, et qui vont trouver place dans ma seconde
édition.

La bonne histoire ! M. V. D. a vendu la peau de l'ours. Il sait
pourtant bien qu'il ne possède rien à l'appui de sa thèse, pas une
ligne, pas un mot. Je le mets au défi de justifier son dire, je le somme
de dégager cette imprudente parole. L'Académie d'Arras attend la
communication de ces documents inconnus à sa prochaine séance.
Ce sera pour lui l'occasion d'une nouvelle Note de l'Académie,
et celle-là aura vraiment « sa raison d'être. » Nous allons voir s'il
en profitera.

En attendant, passons de Tournai à Audenarde avec le n° 7, et
continuons notre parallèle.

7°

J'ai donné une pièce tirée des Mémoriaux, et constatant qu'on
reçoit gratis à la Bourgeoisie d'Arras en 1608 un hautelisseur d'Audenarde et ses enfants.

De mon côté j'ai donné, non pas une, mais deux pièces tirées
des *Mémoriaux* et j'ai dit : « Vincent van Quikelberghe, maître tapissier d'Audenarde, vint en 1618 s'établir à Arras avec ses deux fils
Emmanuel et Jean. Admission gratuite à la bourgeoisie pour lui et
les siens, exemption de guet et garde, don de cinquante florins pour
payer son loyer, autre allocation semblable pour achat de métiers
et apprentissage, toutes les faveurs municipales lui furent accor-
dées. »

Ce n'est pas encore ici que la comparaison permettra à M. V. D.
de justifier ses imputations. Mon exposé est fidèle et complet, le sien
n'est ni l'un ni l'autre. Il ignore un des deux documents, fausse la
date, supprime la plupart des faveurs municipales pour faire croire
que cet étranger n'était pas attiré mais seulement accueilli à Arras,

ne souffle mot des tentatives faites à cette époque pour rétablir une
industrie disparue. — bref se sert de l'éteignoir pour éclairer le
lecteur. Puis il ajoute :

Rien ne dit que ce nouveau bourgeois d'Arras avait été mandé.

Ce que c'est que d'avoir fait à ses clients de mauvaises habi-
tudes ! Depuis que, malgré moi, j'ai collaboré aux Tapisseries d'Arras
de M. V. D. première édition, en lui fournissant, à mon insu, la cor-
respondance échangée entre Caumartin et Plantez, cet autre tapissier
séculaire, il veut que je lui retrouve également les lettres adres-
sées par Wignacourt à Van Quikelberghe, sans doute pour en enri-
chir, au même prix, sa seconde édition. Peut-on se montrer aussi
exigeant !

Mais par contre, si on veut l'en croire sur parole, il prouvera,
au moyen de son infaillible baguette divinatoire, que la solution
cherchée se trouve, non pas dans les documents eux-mêmes, mais
dans la manchette marginale du *Mémorial* : « *Admission du dict Vincent à faire tapisserie en ceste ville* ». Ecoutez la Réponse :

Le mot Admission, suppose l'existence du métier auquel ce nouveau
bourgeois d'Arras va participer.

Ne demandez pas d'explication, c'est un oracle. Qui aurait cru
que le mot Admission fût aussi apocalyptique ? A première vue, je
comprenais tout bonnement que maître Vincent avait été *admis* à la
bourgeoisie et autorisé à établir, avec le concours de la ville, une
manufacture de tapis. On voit combien je suis étranger aux procédés
de l'exégèse rabbinique, dont les résultats sont parfois si inattendus,
par exemple quand ils permettent à l'initié de transporter la *Cour-le-
Comte* sur les hauteurs de *Baudimont* [1]. Malgré cela, je n'en persiste

---

[1] Tout le monde sait que le Crinchon séparait, à l'origine, la *Cité* et la *Ville*, c'est-à-dire
le domaine de l'église et de l'évêque, de celui de St-Vaast et de la Cour-le-Comte. C'est à
quoi Balderic, qui écrivait vers 1050, fait allusion lorsqu'il dit de la Cité et de l'église
d'Arras :

*Esselque locus venerabilis et minus indigens nisi fastuosa Flandrensium comitis
excellentia, quæ juxta supereminet, adversari aliquando consuevisset.*

« Ni l'éclat, ni l'opulence ne lui manqueraient à ce point, si elle n'était dominée par
la suprématie fastueuse du comte de Flandres, son proche voisin, et le plus souvent son
adversaire. »

M. V. D. ne l'entend pas ainsi. Partant de l'étymologie de Baudimont, *Balduini
mons*, il veut d'abord que ce *Balduinus* fût nécessairement un comte de Flandre

pas moins à croire que l'auteur ferait bien de réserver ce système d'interprétation herméneutique et cabalistique pour les grandes circonstances, par exemple quand il expose devant ses collègues ébahis ses élucubrations sur l'*OEuvre des Six Jours*, et qu'il approfondit les mystères philologiques du *tohu-bohu* primordial — *inanis et vacua* — L'histoire y gagnerait, et l'hébreu n'y perdrait rien : ce serait, comme avant, de l'hébreu pour tout le monde, tandis que ce n'est plus de l'histoire pour personne.

8°

J'ai cité d'après l'ouvrage italien de Bertolotti, publié à Florence en 1880 : *Artisti Belgi ed Orlandesi a Roma nei secoli XVI e XVII*, plusieurs noms atrebates d'artistes qui allèrent d'Arras en Italie, non seulement alors, mais aussi antérieurement. On ne donne pas ces renseignements, on ne cite pas ce livre qui pourtant est fait sur pièces d'archives.

Tirons au clair cet amphigouri :

J'ai cité quatre noms atrebates, pas un de plus, dont trois antérieurs à 1470 donnés par Bartolotti, et un quatrième en 1630, cité par M. Barbier de Montault.

Ne voilà-t-il pas une plaisante accusation ! M. V. D. a donc oublié le titre de sa brochure : DES TAPISSERIES DE HAUTELICE A ARRAS APRÈS LOUIS XI ? Ne nous y annonce-t-il pas des preuves nouvelles à l'appui de sa thèse ? N'ai-je pas exposé ces preuves sans en omettre un iota ? Et parce qu'il a plu à M. V. D. de s'étendre complaisamment sur un ouvrage de Bartolotti, où l'on trouve, entre autres choses, les noms connus bien avant lui de trois ouvriers artésiens établis en Italie dès 1436, 1451 et 1470, par conséquent sans rapport aucun avec

ensuite que ce comte eût nécessairement son palais sur le haut du mont, pour justifier l'étymologie.

Voici maintenant la démonstration :

« On remarquera l'expression *quæ juxta supereminet* ; la demeure du comte était, donc *tout près* (juxta) de l'Evêché, et *au-dessus* (supereminet). Il semble, en lisant ce texte, qu'on ait sous les yeux le plateau de Baudimont tel qu'il existe encore. » *Dict. hist. et archéol. du Pas-de-Calais.* Arras t. 108.

Il semble, en lisant ce commentaire, qu'on ait sous les yeux un chapitre du *Zohar*. L'auteur s'arrête en trop beau chemin ; il devrait nous dire combien d'étages avait ce palais inconnu — sans doute cinq : *su-per-e-mi-net* — et à quelle distance exacte de l'ancien Evêché le placent les lettres du mot *juxta*, traitées par le système de la *Guématria*.

la question, il faudrait, pour être complet et fidèle, que je l'eusse
suivi dans ses divagations! Libre à lui de sortir de son cadre, de
noyer le sujet dans les accessoires, de se perdre dans les digres-
sions et de parler de tout à propos d'autre chose, mais il ne nous
forcera pas, j'espère, à renouveler avec lui les fantaisies des clercs
d'Arras au XIIIe siècle.

On n'a pas encore complètement perdu le souvenir du nouveau
genre littéraire qu'ils avaient mis en vogue. Leurs œuvres sont par-
venues jusqu'à nous, mélange hétéroclite du sacré et du profane,
bizarre amalgame de toutes les langues connues, chaos invraisem-
blable où se heurtent les citations les plus disparates, véritable orgie
de la mémoire et de l'imagination : j'ai nommé LES FATRASSIES D'ARRAS.
Est-il donc si nécessaire de ressusciter en prose ce genre oublié, en
remplaçant l'esprit contestable d'alors par un étalage d'érudition
facile et hors de propos ? Pour mon compte, je ne le crois pas, et je
refuse de m'associer à la reprise de cette autre tradition patriotique.

Des quatre noms cités dans la brochure de M. V. D., Giacomo
della Riviera, ou Jacques de la Rivière, est le seul qui soit postérieur
à Louis XI, le seul par conséquent qui ait trait à la question, le seul
que j'aie dû mentionner. Que m'importe le livre de Bartolotti et ses
trois émigrants artésiens cités partout et bien avant lui? Quel rapport
ont-ils avec ce Jacques de la Rivière qui ne paraît que deux siècles
plus tard ? Et quand je les aurais cités, le lecteur en serait-il moins
stupéfait d'entendre attribuer à Arras un maître ouvrier italien, pour
l'unique raison qu'il s'appelle *de la Rivière*, et qu'il porte « *un nom on
ne peut plus atrébate* » ? Comme s'il n'y avait au monde d'autres
rivières que la Scarpe et le Crinchon !

Il est dur sans doute pour un savant de voir la critique relever
à sa charge de pareils lapsus après tant d'autres, et je comprends
qu'on fasse de son mieux pour alléger autant que possible le fardeau
d'aussi lourdes responsabilités. Mais encore une fois ce n'est pas une
raison pour incriminer sans motif, sans le moindre fondement, la
loyauté de son antagoniste, surtout quand on se montre soi-même,
à chaque ligne, si peu soucieux de la vérité, et si exempt de préjugés
en matière de bonne foi dans la polémique.

.*.

Les nécessités de la réfutation m'ayant forcé de suivre l'ordre adopté par les numéros de la Réponse, je dois maintenant revenir sur mes pas et reprendre plus haut deux paragraphes dépareillés, où l'auteur s'est surpassé lui-même.

Il s'agit d'abord des saufs-conduits de 1553, une des vieilles colonnes de l'édifice en ruine. M. V. D. rencontre dans une note la mention de marchands d'Arras autorisés à transporter en France, entre autres marchandises, cent paquets de tapisseries, dont il fait des tapisseries d'Arras. J'ai demandé la pièce, la date de lieu, la spécification des autres marchandises ; on n'avait qu'une analyse incomplète, une simple indication. Mes recherches établissent qu'on a affaire à des marchands de vins, à un commerce général d'importation et d'exportation. Je constate l'origine des vins, et je demande que l'on constate la provenance des tapisseries. On me répond que les marchands étant d'Arras, les tapisseries doivent en être également. Mais alors pourquoi pas les vins ?

Des vins d'Arras, Arras vinicole ! voilà une thèse bien autrement neuve et patriotique que celle de la hautelisse, sans compter qu'elle est très facile à soutenir, car les documents abondent ; et, qui plus est, M. V. D. lui-même en a posé les premières assises.[1] Dans le cas où il reprendrait plus tard cet intéressant sujet, dont il s'est contenté de nous livrer l'idée, je suis à même de lui fournir de très curieuses indications à ajouter à celles du P. Ignace, le laborieux capucin dont le vaste froc, malgré d'innombrables découpures, suffit encore aujourd'hui à revêtir la nudité de tant de notices soi-disant *historiques et archéologiques*.

Pour en revenir au sauf-conduit, j'en possède maintenant le texte. M. Pinchart, de qui M. V. D. en avait reçu l'analyse, m'a dit où je trouverais la pièce, et je m'y suis reporté. C'est bien ce que l'analogie m'avait fait supposer ; les cent paquets de tapisseries s'y trouvent confondus dans trente-trois articles d'exportation de toute espèce d'étoffes, d'épiceries, drogueries, etc., et vingt-cinq articles d'importation. M. Pinchart a fait mieux ; il a constaté par l'examen des livres de sortie que ces tapisseries provenaient toutes de Bruges,

---

1 LA VIGNE, *Vinea*. « D'où vient ce nom ? Le Père Ignace dit qu'il y eut là un vignoble, et d'autres témoignages attestent la même chose. » Van Drival, *Dict. hist. et archeol.* Arras, I, 112.

Saint-Trond, Tournai, sans que nulle part il soit fait mention d'Arras.
La démonstration est donc complète, et l'argument retombe dans le
néant.[1]

La Réponse ne l'entend pas ainsi ; l'existence à Arras de ces
gros commerçants est pour elle une preuve nouvelle dont elle
s'empare :

Si l'existence des gros commerçants au XIVᵒ siècle ne prouve pas
la non-existence des hautelisseurs, elle ne prouve pas davantage au
XVIᵉ siècle. Incidemment pourtant, ces gros commerçants prouvent
qu'Arras s'était bien relevé de ses abaissements et qu'elle avait repris
son importance ; ceci est à notre actif, bien loin de nous être contraire.

Si je comprends bien cet étrange raisonnement, cela signifie :
Les marchands en question n'étaient pas des hautelisseurs, les hautelisses exportées n'étaient pas d'Arras, soit ; mais cela n'empêche
pas qu'il ne pût y avoir des hautelisseurs à Arras ; au contraire,
puisqu'il y avait de gros marchands de vins. En d'autres termes :
« Pour prouver que ma thèse n'est pas exacte, il faut la détruire par
des faits probants, et l'on n'a pas prouvé la non-existence de ces
hautelisseurs. »

En effet, ce point de vue m'a échappé. J'ai même prouvé le contraire, puisque, au trio de tapissiers connus de M. V. D., j'en ai ajouté
un quatrième — qui, malheureusement, ne s'appelle pas Aramis,
mais simplement Jean Hauwelz — arrivé de Bruges en 1550 et cité
par moi pour la première fois. En le voyant pensionnaire de l'abbé
de Saint-Vaast pendant neuf ans, et successivement le collègue de
deux peintres, j'ai pensé qu'il avait peut-être, même très probable-
ment, fait des tapisseries pour l'abbaye. J'ai donc émis l'espérance
que l'on rencontrerait un jour ou l'autre dans les comptes de Saint-
Vaast, ou dans un titre quelconque, la vérification de mon hypo-
thèse. Mais il m'a semblé logique d'ajouter que le fait d'aller chercher
un tapissier à Bruges ou à Audenarde ne prouvait pas précisément
l'existence d'ateliers de tapisserie à Arras, et que la confection

---

1 Pinchart, *Hist. gén. de la Tapisserie,* p. 34-36. L'auteur ajoute : « M. le chanoine
Van Drival a parfois confondu la tapisserie de haute ou de basse-lisse avec la sayetterie,
et appliqué à la première de ces industries des textes qui ne se rapportent qu'à la
dernière. Nous n'avons pas jugé à propos de relever les erreurs que renferme *un ouvrage
fait avec aussi peu de critique.* »

accidentelle de quelques hautelisses dans l'abbaye de Saint-Vaast,
par un ouvrier étranger, vînt-elle à être constatée, on ne pourrait
tirer de ce fait le moindre argument solide en faveur de la persistance de l'ancienne industrie locale.

Voici ce que la Réponse dit et me fait dire :

L'idée de la disparition] de la hautelisse après Louis XI (!) est
néanmoins si bien arrêtée dans la pensée de M. G. qu'il recommande à
son correspondant de ne pas croire à un état de choses différent, même
s'il trouvait la mention indiscutable de pièces exécutées à Arras.
C'est qu'alors on aurait fait venir tout exprès d'ailleurs des ouvriers
pour exécuter ces travaux à Arras, sous les yeux de l'abbé de Saint-
Vaast.

Comme cela ressemble bien à ce que j'ai dit, et qu'on a bonne
grâce à venir prêcher aux autres l'exactitude et la bonne foi quand
on les pratique ainsi l'une et l'autre ! A quelle école M. V. D. a-t-il
donc été ? Je savais depuis longtemps à quoi m'en tenir sur ses
lectures des anciens textes, mais j'étais loin de soupçonner que la
faiblesse de sa vue s'étendît aux caractères d'imprimerie. Quand on
est affligé d'une cataracte pareille, on a grand tort de railler « l'emploi
de la loupe », on ferait mieux de s'en servir ; personne n'en a un
plus grand besoin. Son assistance aurait prévenu vraisemblablement
quelques-unes au moins de ces erreurs qui fourmillent dans tant de
travaux improvisés, témoin le plus récent, L'ÉPIGRAPHIE D'ARRAS, où,
dans la lecture de la première inscription tombale qu'il rencontre au
Musée, l'auteur trouve moyen de fausser les trois dates, imprimant
1311 au lieu de 1340, 1336 au lieu de 1376. et 1356 au lieu de 1385,
sans parler des autres fautes. Quand donc la Société historique du
Pas-de-Calais votera-t-elle une loupe d'honneur à son président ?

Concluons. Que reste-t-il maintenant de la thèse de M. V. D.? On
la cherche en vain après toutes ses métamorphoses : le travail repris
après Louis XI — la permanence de l'industrie — la persistance de
l'art — le relèvement d'Arras et les gros commerçants. Des arazzi,
on n'ose même plus en parler ; les saufs-conduits ont perdu leurs
dernières illusions ; l'échafaudage tournaisien s'est écroulé sur le
dos de l'architecte ; les quinze cents métiers se sont fondus en un
seul, celui du solitaire d'Audenarde. Il ne reste donc plus rien, rien
que les trois tapissiers — plus un.

Puisqu'il en est ainsi, et que le terrain est si complètement déblayé, pourquoi l'auteur ne reprendrait-il pas sa thèse en sous-œuvre, avec une formule plus large et plus exacte, par exemple :

EXISTENCE DE LA TAPISSERIE D'ARRAS, A L'ÉTAT LATENT, PERMANENT OU INTERMITTENT, DEPUIS LES TEMPS LES PLUS RECULÉS JUSQU'A NOS JOURS.

Il en a déjà traité la première partie, dans ses TAPISSERIES D'ARRAS, comme nous le verrons plus tard. Pour la dernière partie, quelle nécessité y a-t-il maintenant de briser en 1640 cette glorieuse tradition de l'art artésien? Aucune, puisque nous rencontrons presque aussitôt les tapissiers Leles et Parent en 1664, et que nous avons notre Plantez en 1758 pour en renouer le fil pendant le dix-huitième siècle. Ces trois derniers tapissiers ne valent-ils pas les trois autres ?

Il faut bien le reconnaître, la première thèse avait été mal posée, et voilà pourquoi, après l'avoir défendue avec une tenacité digne d'une bonne cause, l'auteur se voit réduit à en désavouer la paternité : « Je n'en suis pas l'inventeur », dit-il. On sent que cette responsabilité lui pèse ; aussi voudrait-il la partager, comme précédemment pour ses accidents de lecture, pour la requête des Tournaisiens, comme bientôt en matière plus délicate. Cette fois, c'est à ses « collègues de l'ancienne Académie » qu'il s'en prend, quoiqu'ils n'y soient certainement pour rien : ce n'est pas eux qu'a voulu désigner la prophétie antique sur les tapisseries d'Arras :

Et varios discet mentiri lana colores;

mais ils ne réclameront pas.

Qui pourrait songer d'ailleurs à venger leur mémoire? La plume ne tombe-t-elle pas des mains aux plus farouches, lorsqu'on entend ce cri du cœur, suprême justification du patriotisme aux abois :

Artésien, j'ai voulu célébrer les gloires de la capitale de l'Artois. Je crois avoir bien mérité de la ville d'Arras.

Non certes, c'est une erreur de plus.

Et pourtant, si telle était l'illusion de l'auteur en écrivant son livre, la critique ne veut pas lui garder rancune. Qu'il monte donc au Capitole, ou au beffroi d'Arras, puisqu'il y tient : mais à une condition — c'est qu'il aura soin de tirer l'échelle.

ÉPILOGUE

L'auteur de la Note de l'Académie aurait dû se rendre compte
d'une chose, avant d'essayer de répondre aux revendications qui lui
ont été faites, c'est qu'une demi-justification équivaut exactement à
la moitié d'un aveu.

Je reprends donc l'exposé :

« 1° M. V. D. a inséré, sous une forme insolite, dans les
Mémoires de l'Académie d'Arras, 1879, deux documents qu'il donne
comme récemment découverts, et dont il serait par conséquent le
premier éditeur ; or ces documents ont été publiés quatorze ans
auparavant dans la Sigillographie d'Arras.

2° M. V. D. dans le Second fascicule de la Tapisserie d'Arras,
deuxième édition, reproduit plus tard ces mêmes pièces, sans modifier ses premières assertions ; et cependant il les accompagne
d'emprunts à une publication où les droits du premier occupant
sont formellement constatés, avec date à l'appui.

Donc M. V. D. a sciemment dissimulé les titres de l'ancien pro-
priétaire légitime pour établir une nouvelle possession d'état. »

Sur le second point, qui est le point capital, la Réponse ne trouve
rien à dire, sinon que je prouve la chose « à ma manière », ce qui
est parfaitement vrai C'est donc un aveu implicite.

Sur le premier point, elle essaie de plaider l'exception d'ignorance; et voici en substance les excuses alléguées, suivies de mes
observations.

*
* *

Lorsque j'ai copié de ma main, dans le cabinet des Archives du Pas-de-Calais, ces documents inédits, j'ignorais complètement que M. G. les eût publiés.

Je n'aurais pas supposé qu'un Secrétaire général de l'Académie d'Arras, Président de la Commission historique du Pas-de-Calais, Correspondant du Ministère de l'Instruction publique, membre de je ne sais combien de sociétés savantes, eût osé aborder les sujets d'histoire locale qu'il a traités sans même avoir ouvert, il l'avoue plus loin, les publications qui s'y rapportent, celles du moins qui se sont proposé l'étude des sources et l'exhumation des documents inédits de cette histoire, surtout quand ces publications ont été faites sous le patronage de la Municipalité. J'ajouterai que la Sigillographie d'Arras était naturellement signalée à son attention, puisqu'il indique le sceau du document comme publié dans le grand travail de M. Demay.

*
* *

M. G. doit savoir que ses deux in-quarto sur les Archives communales d'Arras ont toujours été conservés loin du public, à l'Hôtel-de-Ville, et que c'est à grand peine que l'on en obtient un exemplaire. La première condition pour lire un livre c'est de l'avoir.

Je sais beaucoup de choses, mais je ne suis pas fâché d'en apprendre davantage d'un membre important de la commission de la Bibliothèque, très au courant par là-même de ce qui s'y passe, sur le soin jaloux avec lequel celle-ci n'aurait cessé de protéger mes in-quarto contre les regards indiscrets du public et des savants — résultat que tous mes efforts, joints à ceux de mon imprimeur, ne purent jamais obtenir, tant qu'ils étaient sous les presses de cet excellent et regretté A. Brissy.

Cependant j'ai toutes raisons de croire que MM. les membres de l'Administration municipale et du Conseil, MM. les Académiciens, les Bibliothèques de la ville et des Archives, beaucoup d'amateurs et de savants indigènes et étrangers en ont reçu, dès le début, des exemplaires. Il est donc bien extraordinaire que M. V. D. ait été oublié, ou plutôt se soit oublié lui-même dans la répartition. Ses collègues seraient-ils dans le même cas ?

*
* *

Pourquoi M. G. n'a-t-il pas réclamé tout de suite ? Personne n'a réclamé lorsque lecture a été donnée à l'Académie de la trouvaille de M. Richard.

Dans une maison honnête et bien tenue, à moins d'intrusions suspectes, le chapeau d'un convive, ou son pardessus égaré au vestiaire, a bien vite fait de retrouver son maître ; la restitution n'attend pas la réclamation. En ce qui me concerne d'ailleurs, cette réclamation a eu lieu ; on l'a faite « tout de suite », parlant à la personne ; et le détenteur a fait la sourde oreille. Elle était pourtant assez clairement formulée, cette réclamation, dans la reproduction d'une lecture en Sorbonne, d'avril 1879, travail que l'auteur du Deuxième fascicule avait sous les yeux lorsqu'il réimprimait ces mêmes documents sans modifier ses premières assertions. Pourquoi n'a-t-il pas restitué alors ? C'est là la question, et j'attends toujours une réponse.

*
* *

La Note du tome X des Mémoires de l'Académie d'Arras attribue cette découverte à M. Richard, et jamais je n'ai dit que je les eusse trouvés.

Il n'aurait plus manqué que cette invraisemblance ! Personne ne l'aurait cru. MM. les Archivistes découvrent tous les jours des documents nouveaux ; c'est chez eux une grâce d'état. Mais quand ils les publient en leur nom comme inédits, ils ont bien soin de se renseigner à l'avance ; autrement ils auraient affaire aux critiques de l'École des Chartes, qui ne sont pas tendres en ces matières. Le même devoir incombe, à leur tour, aux savants qui reçoivent chaque jour d'une complaisance devenue générale toutes sortes de communications intéressantes pour leurs travaux particuliers.

C'est ce que n'a pas fait M. V. D.; et à ce premier tort il joint celui de mettre indiscrètement en cause un nom que, par sentiment de convenance et de gratitude, il aurait dû laisser en dehors du débat.

*
* *

Volontairement et sciemment j'avais laissé l'honneur à M. Richard.

Il s'en serait bien passé ; mais le moyen de faire autrement ? L'usufruit suppose un nu-propriétaire, et l'éditeur un inventeur.

De la nouveauté de la trouvaille dépendait l'intérêt de la publication, brillante préface de lectures ultérieures, exploitation fructueuse d'un brevet gratuit. N'est-ce pas toujours celle-ci qui enrichit ?

*
* *

La Note de l'Académie d'Arras avait sa raison d'être ; elle donnait acte de sa communication à M. Richard, et elle annonçait les lectures que je devais faire.

Sortons, s'il vous plaît, de ces amphibologies savantes. Il y a eu communication de pièces d'archiviste à amateur ; il n'y a eu communication de pièces, ni directe ni indirecte, de M. Richard à l'Académie d'Arras, comme les habiletés de la phraséologie ci-dessus cherchent à le faire entendre, sans oser le dire. M. Richard n'avait donc pas à demander acte ; il ne l'a pas fait, et n'a chargé personne de le faire en son nom : cela ressort de la forme insolite de la Note, et des ambiguïtés mêmes qui précèdent. C'est évidemment sous sa propre responsabilité que M. V. D. a pris acte, ou plutôt s'est donné acte à lui-même, et dans son propre intérêt : *Is fecit cui prodest*, et réciproquement, *Ei prodest qui fecit*. Donc, qu'il reste seul avec ce désaveu.

Quant à la Note, elle est sans précédent, et par là même suspecte et incorrecte. La preuve, c'est qu'elle a induit en erreur un des savants auteurs de l'Histoire générale de la Tapisserie, M. Guiffrey, qui, trouvant à y relever une exagération, l'attribue naïvement à « l'Académie d'Arras, dans une note, dit-il, qui a toutes les allures d'une déclaration officielle.[1] » Ainsi voilà l'Académie d'Arras responsable, de par la Note, d'opinions que M. V. D. lui fait endosser à l'appui d'une autre thèse, que nous examinerons ultérieurement, celle des Origines de la Tapisserie d'Arras — avant Louis XI ! Il est bon qu'elle le sache, car jusqu'ici personne ne le lui a dit.

*
* *

M. G. croit que j'ai omis volontairement son nom. Je n'ai jamais agi, je n'agis jamais ainsi.

C'est là ce qui reste à voir. L'enquête sera longue puisqu'elle doit, en bonne justice, porter sur l'œuvre entière. Le temps et la place font actuellement défaut, mais l'occasion se représentera.

---

1 J. Guiffrey, *Mém. de la Soc. de l'histoire de Paris*, t. viii, p. 107-12.

En attendant, je termine par une question dont on comprendra l'importance. Elle est étroitement liée aux précédentes, notamment à celle qui est jusqu'ici demeurée sans réponse.

L'auteur des Tapisseries d'Arras, deuxième fascicule, deuxième édition, affirme dans sa préface datée du 24 juin 1884 que les pièces qu'on va lire ont été imprimées dans le cours de l'année 1878-79, et que « les cinq feuilles sont déposées dans les magasins du relieur depuis près de cinq ans. »

Si ces dates sont vraies, comment se fait-il que l'auteur ait pu citer, dès la troisième page, le titre et un extrait d'une brochure encore sous presse au mois d'avril 1880, et conséquemment publiée plus tard ?

Si ces dates sont fausses, et elles le sont, l'auteur voudrait-il nous faire savoir dans quel intérêt il a ainsi antidaté la publication de son Deuxième fascicule et de ses documents prétendus inédits ?

Nous attendons avec impatience les justifications complémentaires de M. le chanoine Van Drival.

Lille, 30 Septembre 1884.

I.

Liste des commis de la Vintaine préposés à la hautelisse, extraite des Registres au Renouvellement de la Loi. — *Voir ci-dessus, p. 19, et ma précédente* LETTRE, *p. 25.*

1415. *Mah. d'Avion, *Pierot Féré, *Gille Bernart. — 1416. *Jeh. des Capelles. — 1417. *Mah. d'Avion. — 1418. *Pierot Féré. — 1419. Jacotin Fastoul, *Jeh. Largent. — 1420. *Pierot Féré. — 1421 à 1425. ? — 1426. Jeh. de Gauchin, Oudart de Harnes. — 1427. *Pierre Féré, Jeh. de Gauchin. — 1428. *Pierre Féré, Jaq. Fastoul. — 1429.* Jeh. Walois, *Pierre Féré. — 1430 *Mah. d'Avion, *Touss. Galiot. — 1431. *Jaq. Crespin. — 1432. Jaq Crespin, Jeh. de Gauchin. — 1433. *Jeh. Durasne, *Jaq. Crespin. — 1434. Jeh. de Gauchin, Jeh. Pelerin. — 1435. Jeh. Acart, *Touss. Galiot. — 1436. *Touss. Galiot. — 1437. Jaq. Fastoul. — 1438. Jeh. du Temple. — 1439. *Touss. Galiot. — 1440. Jacq. de Croisettes. — 1441. *Jeh. Grez. — 1442 à 1445 *Guy de Rely. — 1446. *Jeh. Guodin. — 1447. Rifflart Muette. — 1448. And. Yvain. Rifflart Muette. — 1449. Rifflart Muette. — 1450 à 1455. *Guy de Rely. — 1456. *Jeh. de Lattre, Jaq. du Mur. — 1457. *Jaqm. du Mur. - 1458 à 1460. Jeh. de Lattre — 1461. Jeh. Sarrazin. — 1462. *Jeh. Godin. — 1463. Colart Galiot. — 1464. *Jaqm. du Mur, *Jeh. Godin. — 1465. Jaqm. du Mur. — 1466 à 1470. Estene le Clercq. — 1471 à 1475. Anth Walois. — 1476 Rogier de Hogelut le Grant. — 1477. Huart de le Fosse. — 1478 à 1484, lacune. — 1485 à 1488. Martin Bertoul. — 1489. Jeh. Lentailleur. — 1490. Jeh. de Boyaval. — 1491. Rob. Sacquespée. — 1493. *Jeh. Crespin. — 1494. Jeh. Climent dit Courcol. — 1495. Guill. de Neufville. — 1496. Jeh. de Bonne Estacque. — 1497. Lœurent d'Espaigny. — 1498. Maillin Caudron. — 1499. Claude Bassée. — 1500. Jeh. Rogier. — 1501. Grard de le Bussière. — 1502. Gauwain Capperon. — 1503. Vincent Lestrele. — 1504 et 1505 Grard de le Bussière. — 1506. Jeh. Vincque. — 1507. Jeh. Rogier. — 1508 et 1509. Guerard Therry. — 1510 et 1511. *Jeh. Walois. - 1512. Jeh. Bertoul. — 1513. Pierre Wagon. — 1514. Guill. Compaignon. — 1515. Guy Baudescot. — 1516. Hue de Dompierre. — 1517. Anth. Sacquel. — 1518. — Anth. Fastoul. — 1519. Jeh. Dachier. — 1520 à 1523. Guill. de Paris. — 1524 et 1525. Jeh. de le Conté. — 1526. Baudrain Carette. — 1527. Gille Bonnet. — 1528. Hue de Dompierre.

L'astérisque indique ceux que d'autres documents qualifient de haute-lisseurs ou tapissiers.

II.

Voir ci-dessus, p. 10.

Je, Pierre Fevre, conseiller et trésorier général de monseigneur l'arcevesque et conte de Lyon, primat de France, commandataire et administrateur perpétuel de l'église et abbaye de Saint Vast d'Arras, confesse avoir eu et receu de religieuse et vénérable personne damp Pierre de Wignacourt, prévost de la dicte église, la somme de huit cens soixante deux livres dix huit solz neuf deniers, monnoie courant en Artoys, en deniers par luy payez du commandement et ordonnance de mondit seigneur, c'est assavoir : à Gonsalve de Committres, espaignart, pour quatre tappiz à soye où est l'ystoire de Godeffroy de Buillon conte nant II^cLXIIII aulnes, mesure d'Arras, à xxv patars l'aulne, sont III c xxx livres dicte monnoie ; à Jacquot de Wintre, pour sept pièces à soye, où il y a quatre tappiz et troys gouttières contenant cxxix aulnes et demie, audit pris de xxv patars l'aulne, vallent VIII xx I livres XVII s. VI deniers monnoie dessus dicte ; au Camus Dugardin, six pièces à soye où il y a deux espallieus, six coussins, une porte, ung banquier et ung tappiz contenant c. XLVII aulnes, au pris de XIX patars l'aulne, sont VI xx XIX l. XIII s. ; à icellui Camus, pour autres six pièces, sans soye, ou il y a cinq tappiz et six coussins contenant c. XXVI aulnes XLVIII l. XVII s. monnoie dessus dicte; Et pour les frais, tant pour canevach, courretier, des cordes à fardeler, passe porte, voictures et autres parties de menue despense payée par ledit prévost pour ladicte cause XXVI l. IIII s. III d. dicte monnoie ; et à Jehan Lewatier, clerc du buffet de l'église dudit Saint Vast d'Arras et sénescal de l'oustellerie de ladicte église, VII xx XVI l. VII s., monnoye dessusdicte, et ce pour les parties qui s'ensuivent, c'est assavoir : pour l'achapt d'un tappis de haulte lisse à soye, où est une ystoire de Saincte Anne, contenant LXXV aulnes, mesure de Bruges, achapté à Marcq Despars, marchant demourant en la ville de Bruges, au pris de XXVIII patars l'aulne, sont CV l. dicte monnoie ; Item, pour le droit du tol, audit Bruges, XXXIV patars; Item pour les fraiz, tant pour canevach, toille cirée, cordes à fardeler comme portaige audit tol, passe porte, et voictures depuis Bruges jusques à Arras, XXXVIII patars ; Item pour le droit et don fait à Henry de Hangle, courretier audit Bruges, deux escus d'or vallables cinquante patars ; Item pour le sallaire de Perrot Lobigoys, messagier de mondit seigneur de Lyon, lequel fut d'Arras audit Bruges pour conduire et amener ledit tappiz audit Arras, XXX patars ; Item pour le droit de change qui a presté certaine somme de deniers à messeigneurs les religieux dicelle église, pour délivrer à mondit seigneur de Lyon sur et à tantmoins de ce qui luy sera deu pour le terme de la Chandelleur prouchain venant, XXVI l. courant en Artois ; et pour les fraiz et despens faiz par ledit Jehan Lewatier à Bruges pour aler achapter ledit tappiz et à Molins en Bourbonnois mener ledit tappiz, avec porter pour délivrer à mon dit seigneur le payement de la my aoust derrain passée, où il a vacqué luy deuxième et deux chevaulx par l'espasse de xxiiii jours, pour ce y comprins deux escus d'or payez audit Perrot qui est allé avec ledit Watier dudit Arras audit Molins, la somme de xiiii escus d'or vallables xvii l. x s. dicte monnoie. Toutes lesquelles portées ensemble montent à la dicte somme de viii lxii l. xviii s. ix d. monnoye d'Artoys; dont je suis content, et ce sur le terme de Nostre Dame de la Chandelleur prouchainement venant. Tésmoing mon seing manuel cy mis le second jour d'octobre l'an mil cccc. soixante neuf.

Fevre.   T. Cordier.

Arch. du Pas-de-Calais. Fonds *St Vaast*. Orig. parch. — Je dois cette communication à l'obligeance de M. Loriquet.